U0672756

中国交通的可持续发展

（2020 年 12 月）

中华人民共和国
国务院新闻办公室

人民出版社

责任编辑：刘敬文

图书在版编目（CIP）数据

中国交通的可持续发展/中华人民共和国国务院新闻
办公室 著. —北京：人民出版社，2020.12
ISBN 978－7－01－022895－2

Ⅰ.①中… Ⅱ.①中… Ⅲ.①交通运输-可持续发展-
白皮书-中国 Ⅳ.①F512

中国版本图书馆 CIP 数据核字（2020）第 248507 号

中国交通的可持续发展
ZHONGGUO JIAOTONG DE KE CHIXU FAZHAN
（2020 年 12 月）

中华人民共和国国务院新闻办公室

人民出版社 出版发行
（100706 北京市东城区隆福寺街 99 号）

中煤（北京）印务有限公司印刷 新华书店经销

2020 年 12 月第 1 版 2020 年 12 月北京第 1 次印刷
开本：850 毫米×1168 毫米 1/32 印张：1.75
字数：28 千字

ISBN 978－7－01－022895－2 定价：6.00 元

邮购地址 100706 北京市东城区隆福寺街 99 号
人民东方图书销售中心 电话 （010）65250042 65289539

目　录

前　　言

交通运输是国民经济中基础性、先导性、战略性产业和重要的服务性行业，是可持续发展的重要支撑。

新中国成立以来特别是改革开放以来，在中国共产党领导下，中国的交通运输秉持与经济社会协调发展、与自然生态和谐共生的理念，以建设人民满意交通为目标，自立自强，艰苦奋斗，取得了举世瞩目的发展成就，从根本上改变了基础薄弱、整体落后的面貌，为经济社会发展提供了有力保障，走出了一条中国特色交通发展之路。

中共十八大以来，在习近平新时代中国特色社会主义思想指引下，中国交通发展取得历史性成就、发生历史性变革，进入基础设施发展、服务水平提高和转型发展的黄金时期，进入高质量发展的新时代。基础设施网络规模居世界前列，运输服务保障能力不断提升，科技创新能力显著增强，行业治理现代化水平大幅跃升，人民高品质出行需求得到更好满足，中国加快向交通强国迈进。

当今世界正经历百年未有之大变局，各国的前途命运从未像现在这样紧密相连，交通对于加强互联互通、促进民心相通日益重要。作为负责任大国，中国认真落实联合国2030年可持续发展议程，积极参与全球交通治理，加强国际交流与合作，为促进全球可持续发展、推动构建人类命运共同体贡献中国智慧、中国力量。

为全面介绍新时代中国交通发展成就，分享中国交通可持续发展的理念和实践，增进国际社会认识和了解，特发布本白皮书。

一、走新时代交通发展之路

中国交通积极适应新的形势要求,坚持对内服务高质量发展、对外服务高水平开放,把握基础设施发展、服务水平提高和转型发展的黄金时期,着力推进综合交通、智慧交通、平安交通、绿色交通建设,走新时代交通发展之路。

(一) 以建设人民满意交通为目标

为了人民、依靠人民、服务人民,是中国交通发展的初心和使命。新时代的中国交通,秉持人民至上、以人为本的发展理念,坚持人民共建共治共享,建设人民满意交通。

——人民交通靠人民。坚持人民主体地位,着力解决人民最关心、最直接、最现实的交通发展问题,充分调动人民的积极性主动性创造性,鼓励社会公众参与交通治理,依靠人民办好交通。

——人民交通由人民共享。统筹公平和效率,坚持普惠性、保基本、均等化、可持续方向,大力推进城乡基本公共服务均等化,保障城乡居民行有所乘,让人民共享交通发展成果。

——人民交通让人民满意。以人民满意为根本评判标准,聚焦新时代人民对交通的新期待,深化供给侧结构性改革,推动交通运输高质量发展,不断满足不同群体的交通运输需求,不断提升人民的获得感、幸福感、安全感。

(二) 以当好发展"先行官"为定位

经济要发展,国家要强大,交通要先强起来。把交通运输作为经济社会发展的"先行官",坚持先行引导、适度超前原则,保持一定发展速度,为经济社会发展提供坚实基础和有力保障。

——措施上优先部署。实施京津冀协同发展、长江经济带发展、长三角一体化发展、粤港澳大湾区建设等区域协调发展战略,推进脱贫攻坚、乡村振兴、新型城镇化等重大决策部署,把交通运输作为先行领域重点部署、优先保障。

——能力上适度超前。适应新型工业化、信息化、城镇化和农业现代化发展要求,以加快建设综合立体交通网络为目标,以综合交通运输规划编制为抓手,适度超前布局交通基础设施建设,支撑经济社会发展,为未来发展留足空间。

——作用上先行引领。充分发挥交通运输在国土空间开发、产业梯度转移、城镇布局优化、经济贸易交流中的先导作用,发挥互联网新业态在培育经济发展新动能中的引领作用,促进新经济形态加速崛起。

（三）以新发展理念为引领

贯彻创新、协调、绿色、开放、共享的新发展理念,是新时代中国交通发展的关键。以新发展理念引领交通高质量发展,更新观念,转变方式,破解难题,厚植优势。

——建设安全、便捷、高效、绿色、经济的现代化综合交通运输体系。打造高品质的快速交通网、高效率的普通干线网、广覆盖的基础服务网,加快形成立体互联的综合交通网络化格局和横贯东西、纵贯南北、内畅外通的综合交通主骨架。

——推动交通运输供给侧结构性改革。降低交通运输结构性、制度性、技术性、管理性、服务性成本,促进物流业"降本增效",更好发挥交通运输在物流业发展中的基础和主体作用。

——优化营商环境。加强法治政府建设,合理划分交通运输领域中央与地方财政事权和支出责任,推进简政放权、加强管理、优化服务,健全完善以信用为基础的新型监管机制,提升营商环境的国际化、法治化、市场化水平。

——增强发展动能。鼓励和规范交通新业态发展,加快推动新旧动能转换,建立多层次、可选择、多元化的运输服务体系,提高交通服务水平。

(四) 以改革开放为动力

深化改革、扩大开放是交通运输发展行稳致远的强大动力。坚持社会主义市场经济改革方向,把"有效市场"和"有为政府"更好结合起来,进一步解放和发展交通运输生产力。

——坚持市场化改革。充分发挥市场在资源配置中的决定性作用,更好发挥政府作用,放开交通运输市场,推进质量变革、效率变革、动力变革,着力依靠市场解决发展不充分的问题,更好发挥政府作用解决发展不平衡的问题,不断完善交通运输市场体系,释放交通运输活力。

——坚持高水平开放。打开国门搞建设,积极推进交通运输"走出去""请进来",以服务共建"一带一路"为重点,着力推动陆上、海上、天上、网上"四位一体"联通和政策、规则、标准"三位一体"联通,提升与其他国家互联互通水平和国际运输便利化水平。

（五）以创新驱动为支撑

创新是交通运输发展的动力源泉。把创新作为推动发展的第一动力,以科技创新为牵引,大力推进管理创新、制度创新、文化创新,完善创新体系,优化创新环境,强化人才支撑。

——以基础设施建养技术迭代升级增强交通运输系统韧性,增强交通基础设施抵御灾害与预警监测能力,提升高速铁路、高速公路、特大桥隧、深水筑港、大型机场工程等建造技术水平。

——以智慧交通建设推进数字经济、共享型经济产业发展,推动模式、业态、产品、服务等联动创新,提高综合交通运输网络效率,构筑新型交通生态系统。

——以数字化、网络化、智能化、绿色化技术的发展,拓展交通运输高质量发展空间,抓住全球新一轮科技革命和产业变革催生新技术新模式新业态的历史机遇,推动交通运输可持续发展。

二、从交通大国向交通强国迈进

进入新时代,中国交通驶入高质量发展的快车道,基础设施建设日新月异,运输服务能力、品质和效率大幅提升,科技支撑更加有力,人民出行更加便捷,货物运输更加高效,中国正在从交通大国向交通强国迈进。

(一) 基础设施从"连线成片"到"基本成网"

牢牢把握交通基础设施优化布局、加速成网的重要机遇期,深入推进交通供给侧结构性改革,一大批综合客运、货运枢纽投入运营,综合交通网络规模和质量实现跃升,覆盖广度和通达深度不断提升。

综合交通基础设施基本实现网络化。截至 2019 年底,全国铁路营业里程达到 13.9 万公里,其中高速铁路营业里程超过 3.5 万公里;全国公路里程达到 501.3 万公里,其中高速公路里程 15 万公里;拥有生产性码头泊位 2.3 万个,其中万吨级及以上泊位数量 2520 个;内河航道通航里程

12.7万公里;民用航空颁证运输机场238个;全国油气长输管道总里程达到15.6万公里,互联互通程度明显加强;邮路和快递服务网络总长度(单程)4085.9万公里,实现乡乡设所、村村通邮。综合立体交通网络初步形成,有力支撑了经济社会持续快速健康发展。

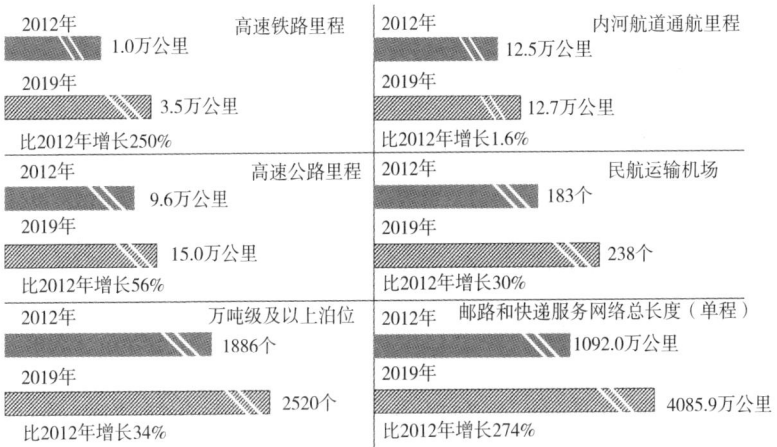

2012年 高速铁路里程	2012年 内河航道通航里程
1.0万公里	12.5万公里
2019年	2019年
3.5万公里	12.7万公里
比2012年增长250%	比2012年增长1.6%
2012年 高速公路里程	2012年 民航运输机场
9.6万公里	183个
2019年	2019年
15.0万公里	238个
比2012年增长56%	比2012年增长30%
2012年 万吨级及以上泊位	2012年 邮路和快递服务网络总长度(单程)
1886个	1092.0万公里
2019年	2019年
2520个	4085.9万公里
比2012年增长34%	比2012年增长274%

图1 交通基础设施快速发展

综合运输大通道基本贯通。着力加强综合运输大通道建设,进一步打通国家运输大动脉,有力保障国土和能源安全,强化区域间政治经济联系。加快建设"十纵十横"综合运输大通道,依托京沪、京广、沿海、沿江等综合运输大通道,长三角、珠三角、环渤海等港口群和长江沿线港口形成的经济带、城市群成为中国经济最具活力、人口最为密集的区域。

上海到南京、上海到杭州高速通道沿线集聚了长三角三分之二的城市和约80%的经济总量。粤港澳大湾区形成了以高速铁路、城际铁路和高等级公路为主体的城际快速交通网络。西气东输、川气东送、海气登陆以及陕京线等天然气干线管输系统不断完善。煤炭物流通道布局更加合理,形成纵贯南北、东西的铁路能源运输大通道;粮食物流骨干通道全部打通,原粮散粮运输、成品粮集装化运输比重大幅提高,粮食物流效率稳步提升。区域间人员交流、物资流通日益便捷,横贯东西、纵贯南北、内畅外通的综合交通主骨架逐步形成。

综合交通枢纽建设步伐加快。深入推进交通、物流、信息与经济社会深度融合,大力发展枢纽经济,积极培育经济发展新动能。结合全国城镇体系布局,打造北京、上海、广州等国际性综合交通枢纽,加快建设全国性、区域性综合交通枢纽。通过规划引领,强化一体化综合客运枢纽站建设,北京大兴、上海虹桥等一批综合交通枢纽建成,实现了高铁、城市客运、轨道交通、民航等交通方式的无缝对接。优化货运枢纽布局,推进多式联运型和干支衔接型货运枢纽(物流园区)建设,上海洋山港、郑州铁路港等一批现代物流枢纽建成,提高了换装水平,加快了多式联运发展,有力推动了综合交通运输体系建设。不同运输方式通过枢纽实现有机衔接,为优化国家经济空间布局和构建现代化经济体系提供了有力支撑。

专栏1 北京大兴国际机场

2019年9月25日,北京大兴国际机场正式通航。机场规划占地面积45平方公里,规划建设6条跑道,满足年旅客吞吐量1亿人次以上需求。机场可再生能源利用率达到16%,机场控制区内运行新能源车辆设备占比超过60%。全机场均为绿色建筑,70%以上达到中国最高等级绿色建筑标准。机场航站楼兼具功能性和艺术性,是现阶段世界上建设规模最大的国际航空枢纽。北京大兴国际机场在不到5年时间里完成预定建设任务,顺利投入运营,充分展现了中国工程建筑的雄厚实力,充分体现了中国精神、中国力量,诠释了中国基建实力的新高度,是中国面向世界的新国门,是国家发展新的动力源。

城市交通基础设施体系化建设稳步推进。截至2019年年底,全国城市道路总长度45.9万公里,人均道路面积17.36平方米,建成区路网密度达到6.65公里/平方公里,道路面积率达到13.19%。强化城市综合交通体系规划引领,加强内部交通与对外交通有效衔接。树立"窄马路、密路网"的城市道路布局理念,建设快速路、主干路和次支路级配合理、适宜绿色出行的城市道路网络。完善道路空间分配,充分保障绿色交通出行需求,规范设置道路交通安全设施和交通管理设施。开展人行道净化专项行动,推动自

行车专用道建设,切实改善绿色出行环境。

（二）运输服务从"走得了"到"走得好"

全面提升交通运输服务质量,"互联网+交通"等新模式快速发展,多样化、品质化、均等化水平大幅提升,运输服务实现"人便其行、货畅其流",通达性和保障性显著增强。交通运输对国家经济社会发展的支撑显著增强,促投资、促消费、稳增长作用明显。

货物运输服务保障能力不断提升。中国是世界上运输最繁忙的国家。面对日益增长的货物运输需求,加快多式联运发展,创新公铁联运、空铁联运、铁水联运、江海联运、水水中转、滚装联运等高效运输组织模式,开展铁路运能提升、水运系统升级、公路货运治理等专项行动,货物运输结构持续优化,综合运输效率不断提高,物流成本逐步降低,交通运输环境污染明显减少,原油、成品油、天然气管道建设不断提速。铁路运量占社会运输总量比例不断提升,"公转铁"行动取得突出成效。港口货物吞吐量和集装箱吞吐量均居世界第一。快递业务量保持强劲增长态势,连续 6 年位居世界第一。运输服务能力大幅提升,推进物流降本增效取得积极成效,促进了物流业转型升级。

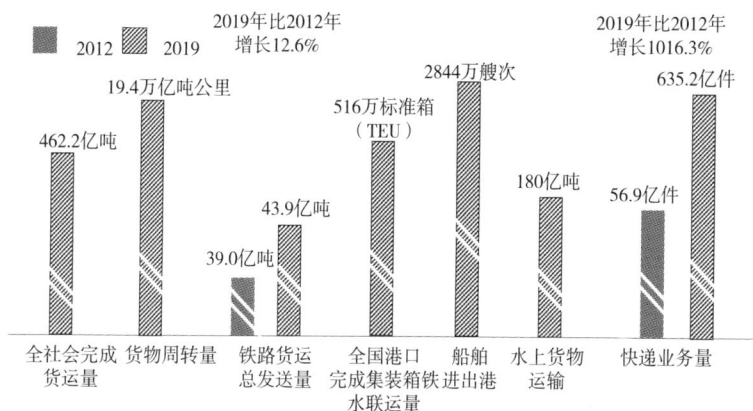

图 2 货物运输服务现状

专栏 2 中国的邮政快递

中国建成了惠及 14 亿人口、全球最大的邮政普遍服务体系,基本建成了连接城乡、覆盖全国、通达世界的快递服务网络,快递"三向"(面向西部地区完善服务网络,面向农村推动"工业品下乡"和"农产品进城",面向国际鼓励快递企业发展跨境快递业务)成效显著。全国邮政营业网点达到 5.4 万处,快递乡镇网点覆盖率达到 96.6%,全面实现建制村直接通邮。涌现出一批实力强大、充满活力的市场主体,形成了 1 家年营业收入超 1000 亿元、5 家超 500 亿元的企业集群。中国已成为世界上发展最快、最具活力的新兴寄递市场,包裹快递量超过美、日、欧等发达经济体总和,快递业务量连续 6 年稳居世界第一,创造了中国服务业和世界邮政业发展的奇迹。

公众高品质出行需求逐步满足。旅客运输专业化、个性化服务品质不断提升,人们对"美好出行"的需求得到更好满足,出行体验更加方便、快捷、舒适、温暖。以道路运输为基础,高铁、民航为主要发展方向的出行服务体系更加完善,客运结构持续优化,中长距离客流逐步从公路转向高铁和民航。截至 2019 年底,动车组列车累计发送旅客 120 亿人次,占铁路旅客发送量的比重由 2007 年的 4.5%增长到65.4%。春节、国庆等重要节庆日大规模客流的服务保障能力显著提升,人们不仅能够"说走就走",而且走得"舒适、优雅、惬意","人享其行"的期盼逐步成为现实。

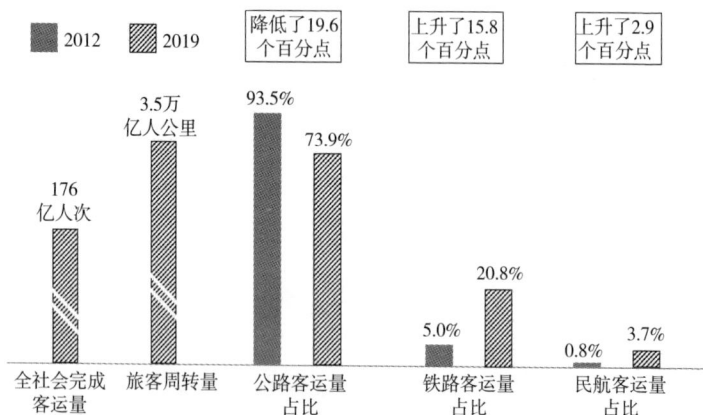

图3　旅客运输服务现状

城市公共交通持续优先发展。发展公共交通是现代城市发展的方向,是加强城市交通治理、提升城市居民生活品质的有效措施。大力加强城市轨道交通建设,截至 2019 年底,全国共有 40 个城市开通运营城市轨道交通线路,运营里程达 6172.2 公里,城市轨道交通的骨干作用日益凸显,城市公交出行分担率稳步提高,舒适度不断提升。城市慢行交通系统较快发展,70 余个城市发布共享单车管理实施细则,360 余个城市提供了共享单车服务。城市公共交通的发展为人们出行提供了便利,满足了多样化出行需求。

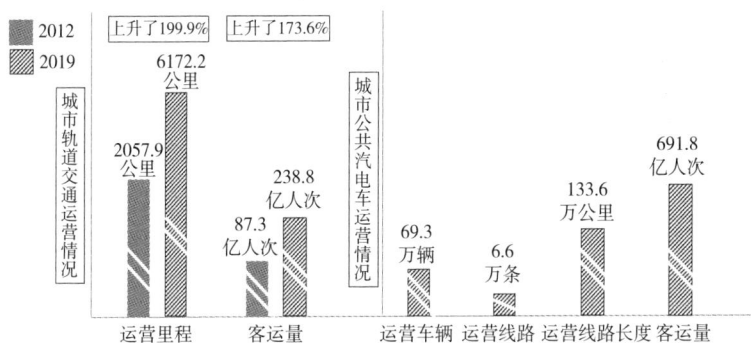

图 4　城市公共交通发展现状

专栏 3　公交都市建设

公共交通发展是城市交通发展的首要任务。2012 年,中国启动公交都市创建示范工程,先后分三批确定 87 个城市开展公交都市建设。截至 2019 年底,14 个城市成为"国家公交都市建设示范城市"。以公交都市为标杆的城市交通出行服务系统,对城市经济产生了全局性、先导性影响,促进了城市交通健康可持续发展。

基本公共服务均等化水平不断提升。努力保障公众公平享有交通服务权利，以交通和谐促进社会和谐。僻远地区开行的公益性"慢火车"，站站停、低票价、公交化，架起了山村与城市的沟通桥梁，成为沿线人民的"公交车""致富车"。公路客运普及和农村物流发展有力促进了城乡一体化，截至2019年底，已开展52个城乡交通运输一体化示范县建设，全国城乡交通运输一体化发展水平达到AAA级、AAAA级以上的区县比例分别超过95%和79%。在铁路、公路、水运、民航、邮政等重要枢纽设置无障碍设施，推广无障碍化交通工具，为特殊群体提供了周到的出行服务。不断加大旅客运输及出行服务普惠力度，让人民共享交通发展成果。

专栏4　交通领域无障碍建设

无障碍环境是保障残疾人平等参与社会生活的必要条件，也是社会文明程度的重要标志之一。中国持续加强交通基础设施的无障碍环境建设与改造，全力打造"覆盖全面、无缝衔接、安全舒适"的无障碍交通出行环境。在全国推广应用无障碍化客运车辆，多个省份客运设施无障碍建设率达到100%。3400余辆动车组列车设置了残疾人专座；公共交通工具设置"老弱病残"专座，使用低地板公交车和无障碍出租汽车；城市公交车配备车载屏幕、语音报站系统。邮政快递为重度残疾人提供上门服务，为聋人客户提供短信服务，对盲人读物免费寄送。交通领域无障碍建设为残疾人走出家门、充分参与社会生活创造了条件。

交通运输新业态新模式不断涌现。"互联网+"交通运输正在深刻改变着人们的出行方式。截至 2019 年底,网约车覆盖全国 400 多个城市,平台日均使用量达到 2000 万人次。共享单车有效解决了出行"最后一公里"难题,日均使用量约 4570 万人次。货运物流融入"互联网+"进程加快,推动了货运物流组织方式创新,95306 铁路货运服务系统全面建成,2019 年铁路网上货运业务办理比例达到 85%,229 家无车承运人试点企业整合货运车辆 211 万辆,车辆利用率提高约 50.0%,较传统货运交易成本降低了 6 至 8 个百分点。"高铁网+互联网"双网融合取得突出成效,2019 年 12306 互联网售票系统售票超过 35.7 亿张;电子客票基本实现全覆盖;高铁站车正逐步实现 WIFI 信号全覆盖,创新推出网上订餐、无线充电、智能交互等服务。截至 2019 年底,超过 98% 的二级以上汽车客运站提供省域联网售票服务。网约车、共享单车、共享汽车等线上线下新消费模式,刷脸进站、"无纸化"登机、无人机投递、无接触配送、智慧停车、道路客运定制服务等新业态,让人们享受到了便利,为经济发展注入了新动能。

支撑区域重大战略实施。服务京津冀协同发展、长江经济带发展、粤港澳大湾区建设等区域协调发展战略,加强交通运输布局,提供基础支撑。加快构建以首都为核心的多节点、网格状世界级城市群交通体系,加快建设雄安新区一流的综合交通运输体系。强化干线铁路、城际铁路、市域(郊)铁路、城市轨道交通的高效衔接,推动"四网融合",着力打造"轨道上的京津冀"。全面推进干线航道系统化治理,提升长江黄金水道功能,疏解三峡运输"瓶颈"制约,建设长江经济带综合立体交通走廊。畅通大湾区经粤东西北至周边省区的综合运输通道,构建连接泛珠三角区域和东盟国家的陆路国际大通道,推动粤港澳大湾区现代化综合交通运输体系建设。以"海澄文(海口、澄迈、文昌)"一体化经济圈、大三亚旅游经济圈为重点,打造多节点、网格状、全覆盖的铁路、城际轨道和骨架公路网,全面支撑海南自由贸易港建设。以上海、南京、杭州、合肥、苏锡常、宁波等为节点,构建对外高效联通、内部有机衔接的多层次综合交通网络,推进长三角区域交通运输更高质量一体化发展。契合全流域生态保护和国土空间开发,加快形成黄河流域"通道+枢纽+网络"联动发展格局。差异化完善区域各板块交通网络,增强了对区域战略的交通支撑。

（三）交通科技从"跟跑为主"到
"跟跑并跑领跑"并行

经过不懈努力,交通运输科技创新能力大幅跃升,核心技术逐步自主可控,基础设施、运输装备取得标志性重大科技创新成果,可持续发展能力显著提升。中国的交通科技从跟跑世界一流水平为主,进入到跟跑、并跑、领跑并行的新阶段。

交通超级工程举世瞩目。高速铁路、高寒铁路、高原铁路、重载铁路技术达到世界领先水平,高原冻土、膨胀土、沙漠等特殊地质公路建设技术攻克世界级难题。离岸深水港建设关键技术、巨型河口航道整治技术、长河段航道系统治理技术以及大型机场工程建设技术世界领先。世界单条运营里程最长的京广高铁全线贯通,一次性建成里程最长的兰新高铁,世界首条高寒地区高铁哈大高铁开通运营,大秦重载铁路年运量世界第一,世界上海拔最高的青海果洛藏族自治州雪山一号隧道通车。川藏铁路雅安至林芝段开工建设。港珠澳大桥、西成高铁秦岭隧道群、洋山港集装箱码头、青岛港全自动化集装箱码头、长江口深水航道治理等系列重大工程举世瞩目。中国在建和在役公路桥梁、隧道总规模世界第一,世界主跨径前十位的斜拉桥、悬索桥、跨海大桥,中国分别有 7 座、6 座、6 座,世界最高的 10 座大桥中有 8 座在中国。

专栏5　港珠澳大桥

港珠澳大桥跨越伶仃洋,东接香港特别行政区,西接广东省珠海市和澳门特别行政区,总长约 55 公里,是粤港澳三地合作共建的超大型跨海交通工程。2018 年 10 月 23 日,大桥开通。港珠澳大桥的建设,有力促进了三地交通连接,对于推进粤港澳大湾区建设具有重大意义。大桥建设过程中,先后攻克了人工岛快速成岛、深埋沉管结构设计、隧道复合基础等多个世界级技术难题。港珠澳大桥是中国公路建设史上技术最复杂、施工难度最高、工程规模最大的交通工程,创下多项世界之最,体现了中国的综合国力、自主创新能力,展现了勇创世界一流的民族志气,是一座圆梦桥、同心桥、自信桥、复兴桥。

交通装备技术取得重大突破。瞄准世界科技前沿发展"国之重器",交通运输关键装备技术自主研发水平大幅提升。具有完全自主知识产权的"复兴号"中国标准动车组实现世界上首次时速 420 公里交会和重联运行,在京沪高铁、京津城际铁路、京张高铁实现世界最高时速 350 公里持续商业运营,智能型动车组首次实现时速 350 公里自动驾驶功能;时速 600 公里高速磁浮试验样车、具备跨国互联互通能力的时速 400 公里可变轨距高速动车组下线。盾构机等特种工程机械研发实现巨大突破,最大直径土压平衡盾构机、最大直径硬岩盾构机、最大直径泥水平衡盾构机等相继研制成功。节能与新能源汽车产业蓬勃发展,与国际先进水平基本保持同步。海工机械特种船舶、大型自动化专业化集装箱成套设备制造技术领先世界,300 米饱和潜水取得创新性突破。C919 大型客机成功首飞。支线客机 ARJ21 开始商业运营。快递分拣技术快速发展。远洋船舶、高速动车组、铁路大功率机车、海工机械等领跑全球,大型飞机、新一代智联网汽车等装备技术方兴未艾,成为中国制造业走向世界的"金名片"。

专栏 6　中国的高速铁路

中国构建了完备的高速铁路技术体系,总体技术水平迈入世界先进行列,部分领域达到世界领先水平。截至 2019 年底,全国高铁运营里程超过 3.5 万公里,占全球高铁运营里程的三分之二以上,初步实现了相邻大中城市间 1 小时至 4 小时交通圈、城市群内半小时至 2 小时工作生活圈。以"八纵八横"高速铁路为主通道,建成了北京到天津、上海到南京、北京到上海、北京到广州、哈尔滨到大连等一批设计时速 350 公里、具有世界先进水平的高速铁路,累计安全运行里程超过 75 亿公里。2019 年动车组发送旅客 23.6 亿人次,中国高铁不仅代表了"中国速度",更续写了经济高质量发展的新篇章,为经济社会发展注入了磅礴活力,铺平了人民的幸福路。

智慧交通发展步伐加快。推进"互联网+"交通发展，推动现代信息技术与交通运输管理和服务全面融合，提升交通运输服务水平。充分运用 5G 通信、大数据、人工智能等新兴技术，交通运输基础设施和装备领域智能化不断取得突破。铁路、公路、水运、民航客运电子客票、联网售票日益普及，运输生产调度指挥信息化水平显著提升，截至 2019 年底，229 个机场和主要航空公司实现"无纸化"出行。全面取消全国高速公路省界收费站，高速公路电子不停车收费系统(ETC)等新技术应用成效显著，截至 2019 年底，全国 ETC 客户累计超过 2 亿，全路网、全时段、全天候监测以及信息发布能力不断增强。北斗系统在交通运输全领域广泛应用，全国已有 760 万道路营运车辆、3.33 万邮政快递干线车辆、1369 艘部系统公务船舶、10863 座水上助导航设施、109 座沿海地基增强站、352 架通用航空器应用北斗系统，并在 3 架运输航空器上应用北斗系统，京张高铁成为世界首条采用北斗卫星导航系统并实现自动驾驶等功能的智能高铁。智慧公路应用逐步深入，智慧港口、智能航运等技术广泛应用。智能投递设施遍布全国主要城市，自动化分拣覆盖主要快递企业骨干分拨中心。出台自动驾驶道路测试管理规范和封闭测试场地建设指南，颁布智能船舶规范,建立无人船海上测试场,推动无人机在快递等领域示范应用。

专栏7　上海洋山港自动化码头

　　上海洋山港四期码头是全球最大的单体自动化智能码头和全球综合自动化程度最高的码头,是中国经济融入全球经济的重要象征。上海洋山港四期码头总用地面积 223 万平方米,共建设 7 个集装箱泊位,集装箱码头岸线总长 2350 米。洋山港采用中国自主研发的自动化作业系统,衔接上海港的各大数据信息平台,实现了码头主要业务环节生产调度自动化。洋山港的开港,标志着中国港口行业在运营模式、技术应用以及装备制造上实现了里程碑式的跨越升级。

三、服务决战脱贫攻坚和
决胜全面小康

全面奔小康,关键在农村;农村奔小康,交通要先行。中国将交通扶贫作为服务全面建成小康社会、推进农业农村现代化、人民共享改革发展成果的重要支撑,全力消除制约农村发展的交通瓶颈,为广大农民脱贫致富奔小康提供坚实保障。

(一) 坚决打赢交通扶贫脱贫攻坚战

把扶贫作为新时代交通运输发展的重要使命,完善扶贫规划政策体系,创新扶贫工作模式,做到"扶贫项目优先安排、扶贫资金优先保障、扶贫工作优先对接、扶贫措施优先落实",以超常规的举措和力度,助力打赢脱贫攻坚战。

加强交通扶贫规划设计。完善交通扶贫顶层设计和政策体系,制定交通扶贫规划、实施方案、行动计划,实施《集中连片特困地区交通建设扶贫规划纲要(2011—2020)》

《"十三五"交通扶贫规划》《关于进一步发挥交通扶贫脱贫攻坚基础支撑作用的实施意见》等规划和政策文件,将革命老区、民族地区、边疆地区、贫困地区 1177 个县(市、区)全部纳入支持范围。以深度贫困地区为重点,加快国家高速公路、普通国省道改造建设,打造"康庄大道路""幸福小康路""平安放心路""特色致富路",推动交通建设项目尽量向进村入户倾斜。

创新精准交通脱贫模式。加强统筹设计,建立健全五年规划、三年行动计划、年度计划相互衔接的规划计划体系,分省细化年度计划,建立台账,压茬推进。加大"扶志""扶智"工作力度,做好对贫困地区干部群众的宣传、教育、培训、科技推广,动员鼓励贫困群众参与农村公路建设,吸纳贫困家庭劳动力参与护路等工作。

持续加大交通扶贫资金投入。大幅提高贫困地区交通建设中央投资补助标准,2012 年至 2020 年安排贫困地区公路建设的车购税资金超过 1.46 万亿元,占同期全国公路建设车购税资金的 61.3%,带动全社会投入超过 5.13 万亿元。国家高速公路、普通国道补助标准分别由"十二五"时期平均占项目总投资的 15%、30%,提高到"十三五"时期的 30%、50%左右。乡镇、建制村通硬化路补助标准提高到平均工程造价的 70% 以上。通过优化中央预算内投资、车购税等资金支出结构,统筹加大各级各类资金倾斜力度,确保政策落地、资金到位、项目实施。

重点攻克深度贫困堡垒。全面建成小康社会最艰巨最繁重的任务在农村,特别是深度贫困地区。发挥交通在脱贫攻坚中的基础性、先导性作用,为深度贫困地区脱贫摘帽当好先行、做好支撑。加大对深度贫困地区支持力度,新增资金、新增项目、新增举措进一步向"三区三州"①等深度贫困地区倾斜。2016 年至 2020 年,安排车购税资金 2746 亿元支持"三区三州"交通项目建设,其中农村公路资金 781 亿元。

(二)"四好农村路"建设推动贫困地区交通高质量发展

道路通,百业兴。以建好、管好、护好、运营好农村公路(简称"四好农村路")为牵引,积极推进贫困地区建设外通内联、通村畅乡、客车到村、安全便捷的交通运输网络,大力

---

① "三区三州"是中国国家层面的深度贫困地区,自然条件和经济条件都较差。其中:"三区"是指西藏自治区和青海、四川、甘肃、云南四省涉藏州县及南疆的和田地区、阿克苏地区、喀什地区、克孜勒苏柯尔克孜自治州四地区;"三州"是指四川省凉山彝族自治州、云南省怒江傈僳族自治州、甘肃省临夏回族自治州。

提升城乡客货运输服务水平,贫困地区交通落后面貌发生根本改变。

贫困地区综合交通网络加快形成。缺少足够的交通基础设施是贫困地区面临的最大挑战之一。2016年至2019年,国家支持贫困地区改造建设了国家高速公路1.7万公里、普通国道5.3万公里,建成内河航道约2365公里。贫困地区县城基本实现了二级及以上公路覆盖,许多贫困县通了高速公路,不少地方还通了铁路、建了机场,干支衔接的高等级内河航道网络不断完善。贫困地区综合交通运输网络加快形成,曾经"山里山外两重天"的局面彻底改变。

"四好农村路"建设成效显著。以200个"四好农村路"全国示范县为引领,推动农村公路高质量发展。落实农村公路建设"七公开"①制度,强化贫困地区交通建设管理和质量控制,优化农村公路路网结构,大力推进"路长制",健全"四好农村路"建设长效机制。完善和落实省、市、县、乡镇、村五级责任,清晰界定工作职责,结合事业单位和乡镇机构改革,完善县乡农村公路管理体制。推动农村公路"满意工程"建设,推广建养一体化等建设养护模

---

① "七公开"为:建设计划公开、补助政策公开、招标过程公开、施工管理公开、质量监管公开、资金使用公开和竣(交)工验收公开。

式。结合美丽乡村建设开展路域环境整治。统筹城乡客运资源,创新农村客运发展模式,整合交通、邮政、供销、电商等资源,推进了贫困地区农村物流发展。"四好农村路"建设取得了实实在在的成效,为农村特别是贫困地区带去了人气、财气。

专栏8 "四好农村路"

"四好农村路"是新时代中国农村变化和社会变迁的重要标志。截至2019年底,农村公路总里程占全国公路总里程的83.8%,其中等级公路比例达到93.2%。2019年,农村公路列养率达到98.8%,优、良、中路率达到83.0%,建制村通客车率达到99.8%。支持贫困地区改造建设约5.9万公里资源路、旅游路、产业路,出行难等长期没有解决的老大难问题普遍得到解决。"四好农村路"连片成网,极大地缩短了往返城乡的时空距离,深刻改变了农村的生产生活条件和社会面貌,为偏远闭塞的乡村开辟了一条通往现代文明的大道。人流、物流带动了知识流、信息流、资金流,促进了贫困地区知识的传播、思想的开化、文化的交流、风俗的改进,真正使扶贫与扶志、扶智相结合,为广大农民通过知识文化致富提供了坚实保障。

"出行难"得到有效解决。农村公路建设实现跨越式发展,"晴天一身土,雨天一身泥"成为历史。截至2019年底,全国实现了具备条件的乡镇和建制村100%通硬化路;截至2020年9月,实现了具备条件的乡镇和建制村100%通客车。城乡道路客运一体化发展水平持续提升,以县城

为中心、乡镇为节点、建制村为网点的交通网络初步形成，乡村之间、城乡之间连接更加紧密，6亿农民"出门水泥路，抬脚上客车"的梦想变成了现实。

（三）交通助推广大农民脱贫致富奔小康

交通运输的快速发展，破解了长期以来制约贫困地区经济社会发展的瓶颈，为广大农民脱贫致富奔小康、加快推进农业农村现代化提供了有力支撑，为谱写新时代乡村振兴新篇章奠定了坚实基础。

农村公路助力广大农民奔小康。农村公路发展，重点在"建"，目标在"通"。2012年至2019年，中国新改建农村公路208.6万公里（其中贫困地区约110万公里），农村公路总里程达到420.1万公里，贫困地区新增5.1万个建制村通硬化路。2016年至2019年，贫困地区建设约9.6万公里通较大人口规模自然村的硬化路，建设45.8万公里农村公路安全生命防护工程，农村公路运行安全条件全面改善。出台《农村公路建设管理办法》《农村公路建设质量管理办法》《农村公路养护管理办法》，加快推进相关技术标准和规范制修订工作。出台《关于深化农村公路管理养护体制改革的意见》及相关配套制度,推进农村公路管理养护体制改革,建立健全农村公路管理养护长效机制。2012年至2019年,通行客车的建制村新增5.4万个。加快建设县乡村三级农村物流节点体系建设,推进农村物流发展,2019年农村地区收投快件超150亿件,工业品下乡、农产品出村、快递服务入户等运输服务能力不断提升。

铁路扶贫助力全面小康。持续提升贫困地区铁路网覆盖通达水平,加快连接贫困地区铁路规划建设,完善贫困地区铁路网络。截至2019年底,国家向14个集中连片特困地区、革命老区、少数民族地区、边疆地区累计投入3.3万亿元,占铁路基建总投资的78%。新投产铁路覆盖了274个国家级贫困县,助力融入"高铁经济圈"。运用大数据分析,优化贫困地区旅客列车开行方案,2019年日均开行途经贫困地区的旅客列车2328列,开行旅游扶贫专列594列,带动了沿线旅游、商贸、餐饮等产业发展和消费升级。精准开行农产品"点对点"运输专列、集装箱快运班列和高铁快运等,2018年以来累计运送贫困地区货物17.1亿吨。

"交通+"产业发展成效显著。积极推动"交通+'旅游''产业''扶贫'"等发展新模式,推动贫困地区交通与产业深度融合。2012年至2019年,贫困地区新改建资源路、旅游路、产业路约 5.9 万公里。大力推进"交通+快递"扶贫工程,整合交通运输、供销、商贸、电商、邮政快递等资源,开展无人机物流配送应用试点,2018 年全国邮政企业累计实现农村电商交易额 1.4 万亿元。"交通+特色农业+电商""交通+文化+旅游""交通+就业+公益岗"等扶贫模式不断创新发展。特色产业因路而起、因路而兴,为广大农民打开一扇脱贫致富的大门。

农村交通有力促进美丽乡村建设。将农村公路建设作为社会主义新农村"村容整洁"和"乡风文明"建设的重要切入点,同步开展公路沿线绿化以及沿途村镇的美化建设,将农村公路打造成一道道靓丽的乡村风景线。农村公路的畅达,带动了农村人居环境同步改善和教育、医疗、文化等公共服务水平同步提升,推动了城乡经济一体化加快发展,广大农村因路而富、因路而美。

四、推进交通治理现代化

中国是世界上最大的发展中国家,交通运输体量庞大、情况复杂且处于快速发展当中,交通治理难度大。中国立足本国国情,借鉴国际经验,大力推进交通治理现代化,通过改革创新释放技术和市场活力、提升治理效能,促进了交通高质量发展。

(一)推进交通治理体系改革

立足当前、着眼长远,积极推进综合交通体制机制改革,不断完善法律法规,统一开放、竞争有序的交通运输市场基本形成,适应新时代国家发展的交通运输治理体系逐步健全。

综合交通运输管理体制机制不断完善。以深化供给侧结构性改革为主线,以提升行业治理能力为重点,持续深化交通运输体制机制改革。2013年形成由交通运输部管理国家铁路局、中国民用航空局、国家邮政局的大部门管理体制架构,交通运输大部门制主体组织架构基本建立。深入推进中国铁路总公司、中国邮政集团公司的公司制改革工作,两家公司分别更名为中国国家铁路集团有限公司、中国邮政集团有限公司,建立健全现代法人治理结构和中国特色现代国有企业制度。省级综合交通运输体制改革加快推进,大部分省份基本建立综合交通运输管理体制或运行协调机制。组建国家铁路局、中国国家铁路集团有限公司,实现铁路政企分开。民航体制机制改革持续深化,机场公安体制、运输价格、民航业投资准入机制、空管系统体制机制等改革有序推进。邮政体制改革有序推进,邮政改革配套措施不断完善。交通运输综合行政执法改革稳步推进,整合执法队伍,理顺职能配置,减少执法层级,权责统一、权威高效、监管有力、服务优质的交通运输综合行政执法体制逐步形成。综合交通运输发展规划协调机制初步建立,铁路、公路、水运、民航、邮政等专项规划之间的衔接平衡不断加强。通过改革,综合交通运输发展的体制机制进一步优化,各种运输方式进一步融合,交通运输发展内生动力进一步增强,行业现代化治理水平进一步提升。

交通运输法治政府部门建设持续深化。贯彻落实习近平法治思想,以"法治政府部门"建设工程为载体,把法治贯穿交通运输规划、建设、运营、管理和安全生产全过程各方面，为加快建设交通强国提供坚实保障。依法行政制度基本确立，行业立法、执法监督、行政复议与应诉、法治宣传教育和普法等工作机制逐步健全。加快推进铁路、公路、水运、民航、邮政等行业立法，综合交通运输法规体系已基本建成。聚焦国家重大战略实施和行业发展改革领域，制定和修订铁路法、公路法、海上交通安全法、港口法、航道法、民用航空法、邮政法等行业龙头法。出台和制修订水上水下活动通航安全管理规定、交通运输标准化管理办法等行业急需的规章，稳步开展规章规范性文件清理。

深化"放管服"改革优化营商环境。坚持问题导向，加快转变政府职能，深化"放管服"改革，持续优化营商环境。逐步放宽市场准入门槛，持续清理交通运输领域各类不合理和非必要罚款及检查，建立涉企收费目录清单制度。深入落实交通运输领域各项减税降费政策，降低物流税费成本。强化事中事后监管，取消中介服务等行政审批事项，推进商事制度改革。推行"双随机、一公开"①监管工作，运用大数据、云计算、物联网等信息技术，推动跨省大件运输等

---

① "双随机、一公开"是指随机抽取检查对象、随机选派执法检查人员，抽查情况及查处结果及时向社会公开。

并联许可系统全国联网。加快构建以信用为核心的新型市场监管机制。推进新业态协同监管,线上线下一体化监管模式进一步创新,市场环境更加公平有序。优化行政审批服务方式,推广交通运输政务服务"一网通办",企业群众办事"只进一扇门""最多跑一次"服务,办事效率显著提升。交通运输"放管服"改革,推动了优化营商环境向纵深发展,激发了交通发展活力,提高了政府服务效能,促进了交通运输行业健康发展。

(二)推进交通运输绿色发展

树立和践行绿水青山就是金山银山的理念,交通运输生态文明制度体系日益完善,节能降碳取得实效,环境友好程度不断增加。

全面推进节能减排和低碳发展。坚定不移推进节能减排,努力建设低碳交通,走出一条能耗排放做"减法"、经济发展做"加法"的新路子。严格实施能源消费总量和强度双控制度,着力提升交通运输综合效能,全国铁路电气化比例达到71.9%,新能源公交车超过40万辆,新能源货车超过43万辆,天然气运营车辆超过18万辆,液化天然气

（LNG）动力船舶建成290余艘,机场新能源车辆设备占比约14%,飞机辅助动力装置（APU）替代设施全面使用,邮政快递车辆中新能源和清洁能源车辆的保有量及在重点区域的使用比例稳步提升。全国942处高速公路服务区（停车区）内建成运营充电桩超过7400个,港口岸电设施建成5800多套,覆盖泊位7200余个,沿江沿海主要港口集装箱码头全面完成"油改电"。绿色交通省（城市）、绿色公路、绿色港口等示范工程,年节能量超过63万吨标准煤。通过中央车购税资金,支持建设综合客运枢纽、货运枢纽、疏港铁路,统筹推进公铁联运、海铁联运等多式联运发展,推进运输结构调整。

强化资源集约节约利用。牢固树立为国家长远发展负责、为子孙后代负责的理念,着力推动交通资源利用方式由粗放型向集约型、节约型转变。结合国土空间规划编制和三条控制线①划定落实,统筹铁路、公路、水运、民航、邮政等交通运输各领域融合发展,推动铁路、公路、水路、空域等通道资源集约利用,提高线位资源利用效率。因地制宜采用低路基、以桥（隧）代路等,加强公路、铁路沿线土地资源保护和综合利用,减少对周边环境的影响。加强航道建设

---

① "三条控制线"是指生态保护红线、永久基本农田、城镇开发边界三条控制线。

的生态保护和绿色建养,推进航道疏浚土综合利用,严格港口岸线使用审批管理与监督,提高岸线使用效率,探索建立岸线资源有偿使用制度。推动废旧路面、沥青、废旧轮胎、建筑废料等材料资源化利用。高度重视和推进快递包装的绿色化、减量化、可循环,大力推进可循环中转袋全面替代一次性塑料编织袋,电子面单①使用率达98%。

强化大气与水污染防治。坚决打好交通运输领域污染防治攻坚战,用最严格的制度、最严密的法治治理环境污染。在沿海和长江干线等水域设立船舶大气污染物排放控制区,按照国际公约要求对进入中国水域的国际航行船舶实施船用燃油硫含量限制措施,推动船舶使用清洁能源和加装尾气污染治理装备,建立船用低硫燃油供应保障和联合监管机制。执行船舶水污染物排放控制国家强制性标准,推动港口船舶含油污水、化学品洗舱水、生活污水和垃圾等接收处置设施建设,开展港口粉尘污染控制。在全国沿海实施"碧海行动"②计划,打捞存在污染环境风险和影响海上交通运输安全的沉船沉物。加快老旧和高能耗、高

---

① 电子面单,是向商家提供的一种使用不干胶热敏纸打印客户收派件信息的面单,也被称为热敏纸快递标签、经济型面单、二维码面单等。

② "碧海行动"是经国务院批准的公益性民生工程,是推动生态文明建设和国家战略实施,建设绿色交通、平安交通所采取的一项重大举措。2014年起,交通救捞系统连续6年执行了"碧海行动"沉船打捞任务,累计打捞沉船79艘。

排放营运车辆、施工机械治理和淘汰更新,推进实施机动车排放检测与强制维护制度(I/M 制度)。中央财政采取"以奖代补"方式支持京津冀及周边地区、汾渭平原淘汰国Ⅲ及以下排放标准营运柴油货车。全面开展运输结构调整三年行动,2012 年至 2019 年全国机动车污染物排放量下降 65.2%。

专栏 9　船舶大气污染物排放控制区

中国高度重视交通运输污染防治,印发《珠三角、长三角、环渤海(京津冀)水域船舶排放控制区实施方案》《船舶大气污染物排放控制区实施方案》《2020 年全球船用燃油限硫令实施方案》等一系列政策文件。先期重点针对珠三角、长三角、环渤海(京津冀)三大重点区域,提出了着力降低船舶硫氧化物、氮氧化物、颗粒物和挥发性有机物等大气污染物的排放,持续改善沿海和内河港口城市空气质量的目标。《方案》实施以来污染物减排效果显著。目前,船舶大气污染物排放控制区进一步扩大地理范围至沿海和长江干线、西江干线等水域,并对海南水域提出了更为严格的控制要求。推进实施船舶大气污染物排放控制区,是实现空气质量持续改善、满足人民对美好生活的期望、落实"打好污染防治攻坚战、打赢蓝天保卫战"总体要求的重要抓手,是中国参与全球环境治理的重要行动。

加大生态保护与修复力度。严守生态保护红线,严格落实生态保护和修复制度。交通基础设施建设全面实行"避让—保护—修复"模式,推进生态选线选址,强化生态

环保设计,避让耕地、林地、湿地等具有重要生态功能的国土空间。在铁路、公路、航道沿江沿线开展绿化行动,提升生态功能和景观品质。铁路、公路建设工程注重动物通道建设,青藏铁路建设的动物通道有效保障了藏羚羊的顺利迁徙及其他高原动物的自由活动。港口码头建设和航道整治注重减少对水生态和水生生物的影响,建设过鱼通道,促进鱼类洄游。组织实施公路港口生态修复总面积超过5000万平方米。推进长江非法码头、非法采砂整治,截至2019年底,完成1361座非法码头整改,改善了生态环境条件,更好保障了长江防洪、供水和航运安全。

（三）加强安全防控和应急保障能力建设

坚持人民至上、生命至上,不断提升交通运输业应对突发公共事件的能力,特别是突发重大公共卫生事件的能力,加强安全治理和应急保障能力建设,统筹发展和安全,全力推进建设更高水平平安交通,为经济社会发展和群众出行提供安全运输保障。

交通安全防控能力显著提升。坚持预防为主、综合施策,深化和完善交通运输平安体系,持续完善安全生产风险管控和隐患排查治理双重预防控制机制,下大力气减少重特大交通运输安全事故,牢牢守住交通安全生产底线。2012 年以来,未发生重大铁路交通事故,2019 年铁路运输事故死亡人数和 10 亿吨公里死亡率与 2012 年相比分别下降 46.1% 和 53.8%。普通公路较大、重特大道路交通事故起数连续下降,发生较大以上等级事故和死亡人数与 2012 年相比分别下降 55.9% 和 60%。2019 年,未发生重大等级水上交通事故,较大等级以上事故和死亡人数与 2012 年相比分别下降 68.5% 和 69.4%。民航实现运输航空持续安全飞行 112 个月、8068 万小时的安全新纪录。

交通应急保障能力显著提升。加强交通应急保障能力建设,及时防范化解交通重大安全风险,有效应对处置各类灾害事故。实施高铁安全防护工程,推进人防、物防、技防"三位一体"安全保障体系建设,集中开展高铁沿线环境综合整治,消除高铁沿线环境安全隐患 6.4 万处,深入推进普速铁路安全环境整治。实施乡道及以上公路安全保障工程和安全生命防护工程,累计实施 88.9 万公里,改造危桥 4.7 万座,车辆运输车治理取得决定性成效。加强海上搜救和重大海上溢油应急处置,建立政府领导、统一指挥、属地为主、专群结合、就近就便、快速高效的海上搜救工作格局,配备 70 余艘专业救助船舶、120 多艘打捞船舶、20 余架专业救助航空器,建立 20 余支应急救助队,基本建成以专业救捞力量、军队和国家公务力量、社会力量等为主要力量的海上搜救队伍。2012 年至 2019 年,全国组织协调海上搜救行动 1.6 万次,派出搜救船舶 7.2 万艘次、飞机 2780 架次,成功救助遇险船舶 1.1 万艘、遇险人员 12.2 万人,搜救成功率达 96.2%。

应对突发公共事件处置能力显著提升。科学高效应对各类突发公共事件,健全工作体系,提升应急能力。新冠肺炎疫情发生后,中国果断做出"一断三不断"①部署,适时推出铁路"七快速"②,公路"三不一优先"③,水运"四优先"④,民航客运"五个一"⑤、货运"运贸对接"⑥以及邮政"绿色通道"等政策措施,一方面全力阻断病毒通过交通工具传播,另一方面保障全国各地应急物资运输和人民生活需求,为打赢疫情防控人民战争、总体战、阻击战提供了有力支撑。

---

① "一断三不断"是指坚决阻断病毒传播渠道,保障交通网络不断、应急运输绿色通道不断、必要的群众生产生活物资运输通道不断。
② "七快速"是指应急运输物资快速受理、快速配空、快速装车、快速挂运、快速输送、快速卸车、快速交付。
③ "三不一优先"是指对应急运输车辆做到不停车、不检查、不收费、优先通行。
④ "四优先"是指应急运输船舶优先过闸、优先引航、优先锚泊、优先靠离岗。
⑤ "五个一"是指一个航司一个国家只保留一条航线,一周最多执行一班。
⑥ "运贸对接"是指外贸外资企业与航空运输企业供需精准对接。

专栏 10 交通运输为抗击新冠肺炎疫情发挥重要作用

抗击新冠肺炎疫情斗争中,交通运输在传染病防控、保障医疗物资及时供应、维持人民正常生活等方面发挥了重要作用。疫情发生后,全国通过铁路、公路、水运、民航、邮政快递等运输方式向湖北地区运送防疫物资和生活物资 158.9 万吨,运送电煤、燃油等生产物资 579.6 万吨,4000 多万交通从业人员日夜奋战在抗疫一线,数百万快递员顶风冒雪、冒疫前行。分区分级精准有序恢复运输服务,免收全国收费公路车辆通行费,铁路、公路、水路交通以及城市公交、地铁、出租车在做好疫情防控前提下正常运营,有力保障了生产生活物资运输和复工复产。

五、推动构建全球交通命运共同体

中国坚持互利共赢的开放战略,深化与各国在交通领域合作,积极推进全球互联互通,积极参与全球交通治理,认真履行交通发展的国际责任与义务,在更多领域、更高层面上实现合作共赢、共同发展,推动构建全球交通命运共同体,服务构建人类命运共同体。

(一) 助力共建"一带一路"

共建"一带一路"承载着人们的美好梦想。中国秉持共商共建共享理念,与有关国家加快推进基础设施互联互通合作,共同打造开放包容、互利共赢的高质量发展之路,共同打造和平之路、合作之路、幸福之路。

推动交通基础设施互联互通。注重发挥交通运输对于推进全球连通、促进共同繁荣的基础性先导性作用,加强与各国在交通互联互通领域互利合作。扎实推进巴基斯坦1号铁路干线升级改造项目(ML1)、中尼(泊尔)跨境铁路合作项目以及中老铁路、中泰铁路、雅万高铁建设。中国企业参与建成蒙内铁路、亚吉铁路、巴基斯坦拉哈尔"橙线"轨道交通项目等铁路。中欧班列累计开行突破3.1万列、通达21个欧洲国家的92个城市。合作建成白沙瓦——卡拉奇高速公路(苏库尔——木尔坦)、喀喇昆仑公路二期(赫韦利扬——塔科特)、昆曼公路、中俄黑河公路大桥、同江铁路大桥等公路、桥梁项目。参与希腊比雷埃夫斯港、斯里兰卡科伦坡港、巴基斯坦瓜达尔港等海外港口的建设和运营。在有关国家积极参与和共同努力下,"六廊六路多国多港"的互联互通架构基本形成。以铁路、公路、航运、航空为重点的全方位、多层次基础设施网络正在加快形成,区域间商品交易、流动成本逐渐降低,促进了跨区域资源要素的有序流动和优化配置。

推进国际运输便利化。积极推进政策、规则、标准"三位一体"联通,为互联互通提供机制保障。以共建"一带一路"为合作平台,与19个国家签署22项国际道路运输便利化协定;分别与比利时、阿联酋、法国签署机动车驾驶证互认换领双边协议;与66个国家和地区签署70个双边和区域海运协定,海运服务覆盖沿线所有沿海国家;与26个国家(地区)签署单边或者双边承认船员证书协议,与新加坡签署电子证书谅解备忘录,便利船舶通关,引领和推进电子证书在全球航运业的应用进程;建立中欧班列国际铁路合作机制,与 22 个国家签署邮政合作文件,实现中欧班列出口运邮常态化运作;与 100 个国家签订双边政府间航空运输协定,截至 2019 年底,中外航空公司在中国通航 54 个合作国家,每周运行 6846 个往返航班,与东盟、欧盟签订了区域性航空运输协定。建立中日韩俄四国海上搜救合作机制,与印尼国家搜救局签订部门间海上搜救合作备忘录。国际运输便利化推动了中国与沿线国家合作更加紧密、往来更加便利、利益更加融合。

(二) 积极推动全球交通治理体系变革

当前,全球交通治理体系面临一系列新课题,迫切需要变革创新,为全球发展提供更好助力和支撑。中国坚定支持多边主义,积极推动全球交通治理体系建设与变革,努力为全球交通治理提供中国智慧、中国方案。

共谋全球交通治理。中国作为负责任大国,认真履行国际责任和义务。加入近 120 项交通运输领域多边条约,积极参与联合国亚洲及太平洋经济社会委员会、铁路合作组织、国际铁路联盟、世界道路协会、国际运输论坛、国际海事组织、国际民航组织、万国邮政联盟等国际组织事务,多次当选或连任国际海事组织 A 类理事国、万国邮政联盟相关理事会理事国,积极主办世界交通运输大会等国际会议。推动实现联合国 2030 年可持续发展议程框架下的交通领域可持续发展目标,携手其他发展中国家推动交通可持续发展全球治理改革,为发展中国家发展营造良好的国际环境。

推动全球气候治理。中国高度重视应对气候变化,积极承担符合自身发展阶段和国情的国际责任,实施积极应对气候变化国家战略。积极引导全球海运温室气体减排战略的制定和实施,在全球航空减排市场机制制定和实施进程中努力维护发展中国家权益,推动和引导建立公平合理、合作共赢的全球气候治理体系,为全球生态文明建设和可持续发展贡献力量。

(三) 加强国际交流与合作

中国遵循平等互利、合作共赢的原则,与各国深入开展交通领域交流合作,不断拓展广度深度,推动构建开放型世界经济。

扩大开放合作"朋友圈"。依托中俄总理定期会晤委员会运输合作分委会、中美交通论坛、中国—中东欧国家交通部长会议等平台,深化交通可持续发展合作,为构建新型国际关系发挥积极作用。秉持亲诚惠容周边外交理念,加强与周边国家交通合作,推动建立中日韩运输与物流部长会议、上海合作组织交通部长会议、中国—东盟(10+1)交通部长会议、中老缅泰澜沧江—湄公河商船通航联合协调委员会等合作机制,以及中俄、中朝界河航道航行管理机制。推动建立并参与亚太海事局长会议、中国—东盟海事磋商机制会议等区域合作机制。参与大湄公河次区域(GMS)、中亚区域经济合作(CAREC)等机制下的交通合作,为促进地区经济发展作出积极贡献。秉持正确义利观,积极开展与相关国家的海事能力建设和技术合作项目,向其他发展中国家提供基础设施建设、规划编制、能力建设等方面支持和援助。通过广泛深入的交流合作,推动形成市场合作互利共赢、成果经验互鉴共享的开放新格局。

开展国际抗疫合作。新冠病毒是人类共同的敌人。中国加强与其他国家交通领域抗疫合作,推动构建人类卫生健康共同体。推动国际海事组织向 174 个成员国、有关国际组织转发《船舶船员新冠肺炎疫情防控操作指南》《港口及其一线人员新冠肺炎疫情防控工作指南》等多份文件。中国民用航空局向40多个重点通航国家民航部门分享《运输航空公司、机场疫情防控技术指南》。国家邮政局通过万国邮政联盟向其192个成员国分享《中国邮政新型冠状病毒防控指导手册》。以视频会议形式举办"中日韩运输与物流部长会议特别会议""中国—东盟交通部长应对新冠疫情特别会议""第19次中国—东盟交通部长会议",发布部长联合声明。建立抗疫援助物资国内绿色运输通道,成立国际物流工作专班,实施包机串飞、商业航班、海陆联运、中欧班列等多式联运方式,全力支持做好抗疫援助物资运输保障工作。截至目前,已向150个国家和7个国际组织提供了294批次抗疫物资援助和支持,向33个国家派出援外医疗专家组35队262人。

六、中国交通的未来展望

中共十九大提出到 2035 年基本实现社会主义现代化、到本世纪中叶建成社会主义现代化强国的宏伟目标,中共十九届五中全会提出"加快建设交通强国",中国的交通运输迎来更加宝贵的"黄金时期"。

交通高质量发展更加紧迫。中国决胜全面建成小康社会取得决定性成就。进入新发展阶段,贯彻新发展理念、构建新发展格局对交通发展提出了更高要求,也提供了更大空间。人民对美好生活的向往呈现多样化、多层次、多方面特点,对交通运输服务需求更加旺盛、更加多元。新一轮科技革命和产业变革加速推进,给交通运输带来革命性变化。同时,国际环境日趋复杂,不稳定性不确定性明显增加,新冠肺炎疫情在全球传播推动世界百年未有之大变局加速演进,单边主义、保护主义、霸权主义使国际产业链供应链运转严重受阻,气候变化给生态系统安全及经济社会发展带来现实和潜在威胁。

面对国际国内形势的发展变化,加快构建国家综合立体交通网,建设人民满意、保障有力、世界前列交通强国,既面临机遇,也面临挑战。适应新的生产生活方式变化,建设人民满意交通,全面提升综合交通运输网络效率和服务品质的要求更高;服务国土空间开发保护和城乡区域协调发展,全方位提升交通保障能力,保持交通基础设施适度超前发展、充分发挥交通先行作用的要求更高;服务经济高质量发展,转变交通发展方式,提高安全智慧绿色发展水平,提升安全防控、应急处置和救援保障能力,推进治理现代化的要求更高;支撑全方位对外开放,强化交通基础设施互联互通,完善面向全球的运输服务网络的要求更高。

加快建设交通强国。进入新的发展阶段,中国交通坚持以人民为中心的发展思想,以高质量发展为主题,以供给侧结构性改革为主线,牢牢把握"先行官"定位,适度超前,推动交通发展由追求速度规模向更加注重质量效益转变,由各种交通方式相对独立发展向更加注重一体化融合发展转变,由依靠传统要素驱动向更加注重创新驱动转变,构建安全、便捷、高效、绿色、经济的现代化综合交通体系,打造一流设施、一流技术、一流管理、一流服务,努力建设人民满意、保障有力、世界前列的交通强国。

到2035年,基本建成交通强国。现代化综合交通体系基本形成,人民满意度明显提高,支撑国家现代化建设能力显著增强。拥有发达的快速网、完善的干线网、广泛的基础网,城乡区域交通协调发展达到新高度。基本形成都市区1小时通勤、城市群2小时通达、全国主要城市3小时覆盖的"全国123出行交通圈"和国内1天送达、周边国家2天送达、全球主要城市3天送达的"全球123快货物流圈",旅客联程运输便捷顺畅,货物多式联运高效经济。智能、平安、绿色、共享交通发展水平明显提高,城市交通拥堵基本缓解,无障碍出行服务体系基本完善。交通科技创新体系基本建成,交通关键装备先进安全,人才队伍精良,市场环境优良。基本实现交通治理现代化。交通国际竞争力和影响力显著提升。交通运输全面适应人民日益增长的美好生活需要,为基本实现社会主义现代化提供有力支撑。

结　束　语

中国即将开启全面建设社会主义现代化国家的新征程。进入新的发展阶段,中国交通将更好履行经济社会发展"先行官"使命,践行新发展理念,服务新发展格局,让交通更加安全、便捷、高效、绿色、经济,为 2035 年基本实现社会主义现代化、本世纪中叶全面建成社会主义现代化强国提供坚实基础。

当前,新冠肺炎疫情仍在全球蔓延,各国面临疫情冲击和经济衰退双重挑战,交通运输对于全球团结抗疫、推动经济增长十分重要。中国将秉持人类命运共同体理念,落实联合国 2030 年可持续发展议程,加强交通国际交流合作,与世界各国一道,更好推进全球互联互通、民心相通,为建设繁荣美好世界作出更大贡献。